Lukas Maack

Konfliktanalyse Jemen. Akteure, Mittel, Konfliktverlauf

GRIN Verlag

GRIN - Your knowledge has value

Der GRIN Verlag publiziert seit 1998 wissenschaftliche Arbeiten von Studenten, Hochschullehrern und anderen Akademikern als eBook und gedrucktes Buch. Die Verlagswebsite www.grin.com ist die ideale Plattform zur Veröffentlichung von Hausarbeiten, Abschlussarbeiten, wissenschaftlichen Aufsätzen, Dissertationen und Fachbüchern.

Besuchen Sie uns im Internet:

http://www.grin.com/

http://www.facebook.com/grincom

http://www.twitter.com/grin_com

KONFLIKTANALYSE ZUM THEMA

JEMEN

Vorgelegt von:
Lukas Maack
Lüneburg, 20.09.2017

Inhaltsverzeichnis

1 EINLEITUNG 1

2 KONFLIKTINHALTE 1

2.1 Akteure 1

2.2 Mittel der Akteure 2
   2.2.1 Regierung des Jemen unter Hadi 2
   2.2.2 Huthi-Rebellen 2

2.3 Konfliktverlauf 2

2.4 Typologisierung des Konfliktes/Landes 4
   2.4.1 Schneckener 4
   2.4.2 Münkler 4
   2.4.3 AKUF Arbeitsgemeinschaft Uni-Hamburg 4
   2.4.4 Heidelberger Institut für Konfliktforschung 5
   2.4.5 Bernhard Zangl und Michael Zürn in "Frieden und Krieg" 5
   2.4.6 Das zivilisatorische Hexagon 5

3 MEDIALE WAHRNEHMUNG 6

4 KONFLIKTPROGNOSE UND LÖSUNGSVORSCHLÄGE 7

5 BEWERTUNG DES LÖSUNGSANSATZES MIT HILFE DES ZIVILISATORISCHEN HEXAGONS 9

6 LITERATUR 10

1 Einleitung

Der Jemen ist ein armer, landwirtschaftlich geprägter Staat mit hohem Bevölkerungswachstum, mit einem sunnitischen Süden und einem schiitischen Norden. Das Land ist der Schauplatz terroristischer Anschläge und liegt an einer der wichtigsten Schifffahrtsrouten der Welt, dem Übergang vom Golf von Anden in das Rote Meer.[1] Der Konflikt im Jemen ist durch mehrere Akteure geprägt. Die Hauptbeteiligten sind die Huthi-Rebellen, die Regierung unter Abed Rabbo Mansur Hadi sowie ihre zahlreichen Unterstützer. Die Huthi-Rebellen werden vom ebenfalls schiitisch geprägten Iran unterstützt und Präsident Hadi von Saudi-Arabien, den Vereinigten Arabischen Emiraten, Ägypten, Kuwait, Sudan, Marokko, aber auch Großbritannien und den USA.[2] Desweiteren gibt es im Jemen immer noch große Stammesverbände, die einen sehr großen Einfluss haben und von denen die Mehrheit gegen die Regierung von Abed Rabbo Mansur Hadi ist.[3]

2 Konfliktinhalte

2.1 Akteure

Die wohl wichtigsten Akteure in Jemen Konflikt sind die Huthi - Rebellen. Sie sind eine Volksgruppe aus dem Norden des Landes und kämpfen seit Jahren gegen die Regierung von Abed Rabbo Mansur Hadi. Ihre selbstdefinierten Ziele waren 2004 die Verteidigung vor den Aggressionen der Regierung gegen ihre Gruppierung und Regierungsaggressionen im allgemeinen. Heute ist anzunehmen, dass sie die Kontrolle über den kompletten Jemen übernehmen wollen.[4]

Die Regierung von Abed Rabbo Mansur Hadi ist seit 2012 an der Macht, bei der er mit 98,8 % der Stimmen zum neuen Präsidenten gewählt wurde. Er gewann diese Wahl jedoch ohne Gegenkandidaten, so dass große Teile der Bevölkerung Neuwahlen forderten. Das Ziel der Regierung ist der Machterhalt ihrerseits und der Ausbau der jemitisch-saudi-arabischen Bündnisse. Deshalb wird Abed Rabbo Mansur Hadi auch von dem überwiegend ebenfalls sunnitischem Saudi-Arabien unterstützt. Dies geschieht in Form von Luftangriffen gegen die Rebellen, sowie

---

[1] CIA The World Factbook
[2] Kriegsparteien rekrutieren Hunderte Kindersoldaten
[3] US-Drohnen gegen Al-Kaida
[4] Wer sind die Huthis?

mit Waffenlieferungen.[5] Vor allem wirkt sich dieses auf die jemitische Bevölkerung aus, da bei den Luftangriffen oft zivile Opfer getroffen werden.

2.2 Mittel der Akteure

2.2.1 Regierung des Jemen unter Hadi

Der Jemen hatte im Jahr 2014 ein BIP von insgesamt 43,23 Milliarden US-Dollar.[67] Davon wurden 3,97% für das Militär ausgegeben. Mit diesen Mitteln finanziert der Jemen Landstreitkräfte, Marine- und Küstenverteidigungskräfte, die Luftwaffe und den Grenzschutz.[8] Da Jemen zur Zeit keine Auslandseinsätze tätigt, fließen alle Mittel in den inländischen Konflikt. Die Regierung von Hadi wird aktiv von Saudi-Arabien und den USA unterstützt. Saudi-Arabien unterstützt Hadi im Kampf gegen die Rebellen mit Luftangriffen auf feindliche Stellungen und Bodentruppen sowie mit Waffenexporten. Die Unterstützung der USA zeichnet sich vor allem durch Luftangriffe aus, bei denen immer wieder zahlreiche Rebellen getötet werden.[9]

2.2.2 Huthi-Rebellen

Die Huthi-Rebellen sind eine nicht militärisch organisierte Gruppe, die hauptsächlich auf inoffiziellen Wegen ihre Mitglieder rekrutieren. Dazu gehören auch Kindersoldaten.[10] Dies ist nach aktuellem Recht nicht vertretbar und widerspricht diesem auch klar. Unterstützt werden die Rebellen inoffiziell durch den Iran.[11] Bei dieser Unterstützung soll es sich um Waffenlieferungen und Gelder handeln.

2.3 Konfliktverlauf

Der Konflikt im Jemen hat seine Anfänge im Jahr 1990 mit der Wiedervereinigung von Nord- und Südjemen. Der aktuelle Konflikt begann jedoch erst im Juni 2004 mit dem ersten Aufstand der Rebellen unter ihrem Führer, Hussein Badreddin al-Huthi, der später auch namesgebend für die Rebellen wurde. Ursprünglich hatte der Aufstand nur das Ziel, den Führer einer anderen religiösen Gruppe, den

---

[5] Wie Saudi-Arabien den Jemen destabilisiert
[6] The World Bank
[7] Im Vergleich BIP 2014 in der Bundesrepublik Deutschland 3,879 Billionen US-Dollar
[8] CIA The World Factbook
[9] USA wollen sich stärker auf saudischer Seite im Jemen-Krieg engagieren
[10] Issue of child soliders raised in Yemen
[11] Huthi Rebellen bilden Gegenregierung

Schbab al-Mu´minen, gefangen zu nehmen. Bei dem Versuch wurde Hussein Badreddin al-Huthi getötet und 600 seiner Anhänger wurden gefangen genommen. Diese wurden am 25. September 2005 wieder freigelassen, jedoch kurz darauf wieder festgenommen und auch teilweise zum Tode verurteilt.

Im Jahr 2009 flammte der Konflikt erneut auf, als das jemitische Heer eine Offensive gegen die Rebellen startete. Diese Offensive hatte zur Folge, dass viele Menschen fliehen mussten und gezwungen waren, ihre Heimat zu verlassen. Sie flohen zu großen Teilen in den Süden des Landes, der damals fest in der Hand der Regierung war. Zu diesem Zeitpunkt intervenierte dann auch die USA, die Luftangriffe gegen die Huthi-Rebellen führte. Bei diesen Angriffen kam es vermehrt zu zivilen Opfern. Da sowohl Saudi-Arabien als auch die USA ihre Interessen im Jemen vertreten, erreichte der Konflikt damit eine internationale Ebene.

Im Jahr 2009 kam es von Bevölkerungsseiten immer häufiger zu Protesten, die dazu führten, dass der damalige Präsident Ali Abdullah Salih abgesetzt wurde und von allen Ämtern zurück trat. Neuwahlen waren die Folge, bei denen der einzige Kandidat der frühere Vize-Präsident Abed Rabbo Mansur Hadi war. Eine weitere Konsequenz des Rücktrittes von Präsident Ali Abdullah Salih war ein Machtvakuum, das es Al-Kaida ermöglichte, im Jemen an Macht zu gewinnen. Durch die immer noch große Unzufriedenheit in der Bevölkerung bekam Al-Kaida aus vielen Gebieten Zuspruch, wodurch sie ihre Macht im Jemen festigen konnten. Durch das Eintreten von Al-Kaida in den Konflikt wurde die USA in ihrem Bestreben unterstützt und flog nun auch Luftangriffe gegen Al-Kaida in Jemen, auch teilweise unterstützt durch Huthi-Rebellen oder zumindest in Kooperation mit diesen.

Im Januar 2015 gelang es den Rebellen, die Hauptstadt des Landes, Sanaa, zu übernehmen. Im gleichen Zug stürzten sie die Regierung von Hadi. Der Präsident Hadi wurde zu diesem Zeitpunkt aktiv von Saudi-Arabien unterstützt. Als klar wurde, dass die Hauptstadt in die Hände der Rebellen fallen würde, legte er alle politischen Ämter nieder und verkündete zusammen mit der Regierung den Rücktritt der Regierung. Die Huthi-Rebellen, jetzt auch Huthi-Milizen genannt, gründeten einen provisorischen Nationalrat mit 551 Mitgliedern, der für 2 Jahre die Macht inne haben sollte. Dies führte jedoch zu zahlreichen Aufständen der Bevölkerung, bei denen auch zahlreiche Protestler festgenommen wurden.[12]

---

[12] Dossier Innerstaatliche Konflikt: Jemen

2.4 Typologisierung des Konfliktes/Landes

2.4.1 Schneckener
Nach dem Friedens- und Konfliktforscher Ulrich Schneckener ist der Jemen ein gescheiterter Staat, ein sog. failed state, da weder die Sicherheitsfunktion, noch die Wohlfahrtsfunktion oder Legitimations-/Rechtsstaatsfunktion gegeben ist. Dies wird im Besondern dadurch deutlich, dass die Regierungsaufgaben auf Rebellen übertragen wurden, da die eigentliche gewählte Regierung zurückgetreten ist.

2.4.2 Münkler
Nach dem Politikwissenschaftler Herfried Münkler handelt es sich beim Jemen um einen asymmetrischen Krieg bzw. neuen Krieg, da es sich bei einer der großen Konfliktparteien, den Huthi-Rebellen, um eine nicht-staatliche Gruppierung handelt. Die Aspekte Privatisierung und Autonomisierung, die von Münkler als Aspekte für den neuen Krieg angeführt werden, sind im Jemen-Konflikt nicht anzutreffen, jedoch verstärkt das vermehrte Auftreten von zivilen Opfern die Entscheidung, den Konflikt der Typolisierung der neuen Kriegen zuzuordnen.

2.4.3 AKUF Arbeitsgemeinschaft Uni-Hamburg
Die AKUF hat im Jahr 2014 die Begrifflichkeit des Krieges an drei Bedingungen geknüpft. Diese müssen erfüllt sein, um von einem Krieg sprechen zu können.

Zum einen muss es sich bei mindestens einem der Akteure um eine staatlich/militärische Gruppierung handeln. Im Vorliegenden haben wir es hier mit den Regierungstruppen des Jemens sowie Saudi-Arabien, USA und des Irans zu tun. Damit ist die erste Bedingung erfüllt.
Desweiteren haben die gewaltsamen Auseinandersetzungen das Mindestmaß an zentralgelenkter Organisation erreicht, das für das zweite Kriterium nötig ist. Es werden systematische Luftangriffe der USA/Militärkoalition gegen Huthi-Rebellen geflogen.[13] Damit ist auch die zweite Bedingung gegeben.
Als drittes Kriterium wird die Kontinuität der Kampfhandlungen vorausgesetzt. Diese ist im Jemen-Konflikt gegeben, da es seit 2014 kontinuierlich weiter zu Kampfhandlungen kommt. Damit ist auch die dritte Bedingung erfüllt.

---

[13] Zeitungsartikel: "Kriegsparteien rekrutieren Hunderte Kindersoldaten"

Nach der Definition der AKUF kann bei dem Jemen-Konflikt deshalb von einem Krieg gesprochen werden.

2.4.4 Heidelberger Institut für Konfliktforschung

Nach der Definition des Heidelberger Instituts für Konfliktforschung aus dem Jahr 2006 liegt im Jemen eine ernste Krise vor, da Gewalt wiederholt und in einer organisierten Form auftritt. Jedoch wird im Konfliktbarometer aus dem Jahr 2016 vom Jemen-Konflikt als Krieg gesprochen.[14]

2.4.5 Bernhard Zangl und Michael Zürn in "Frieden und Krieg"

Da als einzige Bedingung in dieser Definition für Krieg die Anwendung physischer Gewalt durch Kampfverbände ist, handelt es sich beim Jemen-Konflikt hiernach um einen Krieg. Nach Zangl und Zürn ist der Jemen-Konflikt als Typ 3 oder Typ 4 Krieg einzuordnen, da der Konflikt sowohl zwischen einem Staat, den Regierungstruppen von Hadi und einem inländischen, nicht-staatlichem Akteur, den Huthi Rebellen, stattfindet. Ferner findet die Auseinandersetzung auch zwischen einem Staat, den USA, und einem nichtstaatlichem Akteur im Ausland, den Huthi Rebellen, statt.

2.4.6 Das zivilisatorische Hexagon

Das zivilisatorische Hexagon ist ein Analyseinstrument, um den Frieden in einem Land zu beurteilen. Hierfür werden die Kriterien Entprivatisierung von Gewalt, Kontrolle des Gewaltmonopols und Herausbildung von Rechtstaatlichkeit, Interdependenz und Affektkontrolle, demokratische Beteiligung, soziale Gerechtigkeit und konstruktive politische Konfliktkultur herangezogen.

Das Kriterium der Entprivatisierung von Gewalt ist im Jemen nicht erfüllt, da es keine internationale anerkannte Regierung gibt und weite Teile der Bevölkerung, wie zum Beispiel die Stammesgruppen im Norden des Landes, schwer bewaffnet sind.

Ebenfalls ist auch nicht das zweite Kriterium, die Kontrolle des Gewaltmonopols und Herausbildung von Rechtstaatlichkeit erfüllt, da die aktuellen Machthaber keinen demokratischen Anspruch auf die Herrschaft im Jemen haben, und die Lage in Jemen in den letzten Jahren einem Bürgerkrieg sehr ähnlich ist.

---

[14] Konfliktbarometer Heidelberger Institut für Konfliktforschung 2016

Das Kriterium der Interdependenz und Affektkontrolle ist ebenfalls nicht erfüllt, da es im Jemen immer noch regelmäßig zur Anwendung von Gewalt kommt und es auch keine Bestrebungen von Staat oder Bürgern gibt, diese durch Selbstdisziplin zu beenden.

Das vierte Kriterium, das der demokratischen Beteiligung, ist auch nicht erfüllt, da die aktuelle Regierung nicht demokratisch gewählt wurde, sondern sie Macht durch Gewalt an sich gerissen hat.

Das Kriterium der sozialen Gerechtigkeit ist im besonderen Maße nicht gegeben, da von der Cholera vor allem die armen Menschen betroffen sind, da es für sie so gut wie keinen Zugang zu medizinischer Versorgung gibt. Durch den Krieg und den Ausbruch der Cholera schweben die Menschen täglich in Gefahr und es gibt keinerlei Sicherheiten für sie. Desweitern ist auch eine Wohlfahrtsfunktion des Staates in keiner Weise zu erkennen.

Das letzte Kriterium des zivilisatorischen Hexagons, die konstruktive politische Konfliktkultur, ist auch nicht erfüllt, da die unterschiedlichen Meinungen im Land zu bürgerkriegsähnlichen Zuständen geführt haben und eine sachliche Auseinandersetzung mit den Ansichten der Gegenakteure für keine Partei in diesem Konflikt vollzogen wurde.

Durch das zivilisatorische Hexagon wird verdeutlicht, dass im Jemen auf keinen Fall von Frieden gesprochen werden kann, da keiner der Faktoren erfüllt ist. Somit ist klar, dass im Jemen eine besonders schwere Krise vorliegt.

3 Mediale Wahrnehmung

Die mediale Darstellung des Jemens-Konfliktes ist minimal. Der Konflikt wird in Deutschland komplett überschattet vom Krieg in Syrien und anderen Konflikten bzw. Krisen, die für Deutschland eine konkrete Relevanz haben. Dieses hängt damit zusammen, dass der Jemen-Konflikt keine direkte Auswirkung auf Deutschland, wie zum Beispiel der Krieg in Syrien, vor dem Millionen Menschen nach Europa und somit auch nach Deutschland fliehen, hat. Aber auch im Jemen-Konflikt gibt es viele Flüchtlinge; der Unterschied liegt aber in den Fluchtzielen. Die jemitische Bevölkerung versucht nicht, ins Ausland zu fliehen, wie es bei vielen anderen Konflikten der Fall ist. Sie fliehen innerhalb des Jemens entweder vor den Rebellen, der Al-Kaida oder den Regierungstruppen. Da dieser Konflikt keinerlei Auswirkungen auf die Bundesrepublik Deutschland hat, nimmt die Öffentlichkeit hiervon kaum Notiz.

Selbst die Mitteilung, dass im Jemen die Cholera ausgebrochen ist und hieran viele Menschen erkrankt und einige verstorben sind, wird nur als Randnotiz in den Medien abgehandelt. Nach aktuellen Berichten (August 2017) sind bereits 612.000 Menschen von der Epidemie betroffen.[15]

4 Konfliktprognose und Lösungsvorschläge

Eine Prognose für den Jemen-Konflikt ist nur sehr schwierig möglich, da bei vielen außenstehenden Akteuren, wie den USA oder Saudi-Arabien, nicht klar wird, in wie weit sie weiterhin versuchen, ihre Interessen im Jemen durchzusetzen. Da die Kampfhandlungen zum größten Teil abgeschlossen sind, geht es heute im Jemen viel mehr um humanitäre Hilfe für die Bevölkerung. Diese ist im Besonderen das Opfer des Konfliktes, da die von Saudi-Arabien verhängte Seeblockade die Lieferung von Hilfsmitteln so gut wie unmöglich macht.

Da der Jemen so nachhaltig durch den Krieg gezeichnet ist, fehlt es im Jemen vor allem an Nahrungsmitteln und medizinischer Versorgung. Nach Schätzungen des Bundestages stehen rund sieben Millionen Menschen vor dem Hungertod.[16]

Meine Prognose bezieht sich auf die Zukunft der Bevölkerung. Um der Bevölkerung helfen zu können, müsste die Seeblockade von Saudi-Arabien aufgehoben werden. Dafür müssten jedoch die Forderungen von Saudi-Arabien erfüllt werden. Als Ziel ihrer Seeblockade formulieren sie, die Regierung unter Hadi vor dem vollständigen Zusammenbruch zu bewahren und das Land vor der kompletten Übernahme der Huthi-Rebellen zu beschützen.

Diese Ziele könnten auf drei Wegen erfüllt werden. Die erste Möglichkeit wäre, dass sich die Huthi-Rebellen freiwillig zurückziehen und Hadi wieder die Regierungsmacht übertragen wird. Dies ist aber extrem unwahrscheinlich, da die Rebellen nicht kampflos die eroberten Gebiete zurückgeben werden. Diese Lösung scheint daher unwahrscheinlich.

Die zweite Möglichkeit wäre eine friedliche Vermittlung zwischen den Konfliktparteien durch die UN. Diese Möglichkeit wird auch aktuell von der UN verfolgt, wie durch die am 15. Juni 2015 gestarteten Genfer Friedensgespräche oder der

---

[15] Nouripour fordert deutsche Vermittlung im Jemen
[16] Nouripour fordert deutsche Vermittlung im Jemen

UN-Sicherheitsratsresulution 2216 am 14. April 2015. Bei der Resolution 2216 handelt es sich um einen russischen Vorschlag, der eine Waffenruhe bewirken sollte, um Ausländer im Jemen zurück in ihr Heimatsland zu bringen und die Möglichkeit der humanitären Hilfe erwirken sollte. Diese Resolution wurde jedoch abgelehnt, da andere Mitglieder des Sicherheitsrates, wie zum Beispiel Großbritannien, die Luftangriffe gegen die die Huthi-Rebellen für notwendig halten.[17] Zu den Genfer Friedensgesprächen wurden die politischen Gegner eingeladen, um unter der Vermittlung der UN einen Waffenstillstand auszuhandeln. Die Gespräche wurden am 19. Juni 2015 ohne eine Einigung über einen Waffenstillstand abgebrochen. Ein weiterer Lösungsvorschlag kam im April 2015 vom Iraner Außenministerium. Dabei handelte es sich um einen vier-Punkte-Plan, welcher einen Waffenstillstand, humanitäre Hilfe und die Aufstellung einer neuen Regierung herbeiführen sollte.[18] Der Vorschlag wurde jedoch abgelehnt, da der Iran in diesem Konflikt nicht unparteiisch sei.

Durch all diese Bemühungen von Seiten der UN zeigt sich klar, dass eine rein diplomatische Lösung im Jemen aufgrund der widerstrebenden Interessen so gut wie unmöglich ist.

Der dritte Ansatz wäre ein verstärktes Vorgehen der UN gegen die Rebellen, um sie zu zwingen sich zurückzuziehen. Dies ist jedoch nur möglich, wenn der UN-Sicherheitsrat beschließt, dass nach Artikel 39 der Charta der UN ein Bruch des Friedens besteht. Da dies bereits geschehen ist, wäre der nächste Schritt, nach Artikel 40 der Charta entsprechende Maßnahmen zu beschließen, um den Frieden wieder herzustellen. Dieses ist im Ansatz bereits durch die Genfer Friedensverhandlungen im Jahr 2015 passiert. Da diese jedoch erfolglos blieben, müsste die UN als nächsten Schritt Sanktionen gegen den Staat verhängen. Die Konsequenz hieraus wäre, dass die ohnehin schon leidende Bevölkerung hierdurch nachhaltig getroffen würde. Der einzig logische nächste Schritt wäre, sich auf Artikel 42 der Charta zu beziehen und somit militärische Maßnahmen einzuleiten. Jedoch wäre dann noch nicht die Frage geklärt, wie die UN-Truppen eingreifen sollen, da, egal wie sie eingreifen, immer ein außenstehender Akteur wie der Iran oder Saudi-Arabien mit diesem Vorgehen nicht einverstanden wären.

---

[17] Russen fordern „humanitäre" Feuerpause im Jemen
[18] Mohammad Javad Zarif: A Message From Iran

Der konsequenteste Schritt wäre es, wenn die UN gemäß der Charta Sanktionen gegen den Iran und Saudi-Arabien androhen würde. Wenn die Staaten darauf eingehen würden, sollten als nächstes unabhängige Wahlen von den UN-Truppen organisiert werden. Nach dem Ergebnis dieser Wahlen könnte dann eine rechtstaatliche Regierung aufgebaut werden, die mit Hilfe der UN gegen die feindlichen Akteure mit angemessen Maßnahmen vorgeht und die die Interessen und den Schutz der Bevölkerung im besonderen Maße berücksichtigt. Ferner könnte mit der Aufhebung der Seeblockade wieder humanitäre Hilfe in den Jemen gelangen.

5 Bewertung des Lösungsansatzes mit Hilfe des zivilisatorischen Hexagons

Mithilfe dieses Lösungsansatzes wären wieder alle Aspekte des zivilisatorischem Hexagons wiederhergestellt.

Durch die Bildung einer stabilen Regierung bestände die Möglichkeit, die Bevölkerung zu entwaffnen und so das Gewaltmonopol des Staates wiederherzustellen. Somit könnte auch die Kontrolle des Gewaltmonopols erreicht werden. Durch die enge Zusammenarbeit mit der UN wäre es möglich, dass der Jemen einen großen Entwicklungsschritt macht, der ebenfalls eine Interdependenz und Affektkontrolle zur Folge hätte.

Die demokratische Beteiligung wäre gegeben, da bei den von der UN kontrollierten Wahlen die Bevölkerung ihren neuen Präsidenten wählen könnte.

Mithilfe dieser Wahlen könnte ein Sozialstaat entstehen, der ebenfalls die soziale Gerechtigkeit wiederherstellt.

Die konstruktive politische Konfliktkultur könnte dadurch gegeben werden, dass bei den demokratischen Wahlen mit Sicherheit viele unterschiedliche Meinungen und Volksgruppen in der Regierung beteiligt sind.

Abschließend lässt sich sagen, dass eine Lösung des Konfliktes in den nächsten Jahren nicht zu erwarten ist, da auch bei dem oben dargestellten Lösungsansatz Widerspruch von vielen Seiten kommen würde. Da die vorgeschlagenen Maßnahmen sehr drastisch sind, würden sich sicherlich zahlreiche Folgeprobleme ergeben.

6 Literatur

CIA The World Factbook
https://www.cia.gov/library/publications/the-world-factbook/geos/ym.html

Kriegsparteien rekrutieren hunderte Kindersoldaten
http://www.zeit.de/politik/ausland/2017-09/jemen-un-menschenrechtsrat-kindersoldaten-tote-zivilisten

US-Drohnenangriffe gegen Al-Kaida
http://www.taz.de/!5030079/

Konfliktbarometer Heidelberger Institut für Konfliktforschung 2016 Seite 166 + Seite 168
http://hiik.de/de/konfliktbarometer/pdf/ConflictBarometer_2016.pdf

The World Bank
https://data.worldbank.org/indicator/NY.GDP.MKTP.CD?locations=YE

Issue of child soliders raised in Yemen
http://www.upi.com/Top_News/Special/2009/11/23/Issue-of-child-soldiers-raised-in-Yemen/UPI-70641258992863/

Nouripour fordert deutsche Vermittlung im Jemen
http://www.faz.net/aktuell/politik/ausland/hungerkatastrophe-im-jemen-nouripour-deutschland-darf-nicht-laenger-wegsehen-15199958.html

Russen fordern „humaitäre" Feuerpause im Jemen
http://www.handelsblatt.com/my/politik/international/kritik-an-saudi-arabiens-hilfe-russen-fordern-humanitaere-feuerpause-im-jemen/11597636.html

Mohammad Javad Zarif: A Message From Iran
http://www.webcitation.org/6XxSLW3Es?url=http://www.nytimes.com/2015/04/20/opinion/mohammad-javad-zarif-a-message-from-iran.htmlge&module=c-

column-top-span-region&region=c-column-top-span-region&WT.nav=c-column-top-span-region&_r=0

Huthi-Rebellen bilden Gegenregierung
http://www.taz.de/!5346097/

Wer sind die Huthis?
https://www.tagesschau.de/ausland/huthi-hintergrund-101.html

Wie Saudi-Arabien den Jemen destabilisiert
http://www.handelsblatt.com/my/politik/international/gastbeitrag-hadi-rief-nach-intervention-saudi-arabien-folgte/11582366-2.html?ticket=ST-739150-Dbi2rEafOlTDfsZYKae4-ap3

USA wollen sich stärker auf saudischer Seite im Jemen-Krieg engagieren
https://www.heise.de/tp/features/USA-wollen-sich-staerker-auf-der-saudischen-Seite-im-Jemen-Krieg-engagieren-3670200.html

Dossier Innerstaatliche Konflikt: Jemen
http://www.bpb.de/internationales/weltweit/innerstaatliche-konflikte/54611/jemen

Alle Quellen wurden zuletzt am 18.09.2017 abgerufen.

BEI GRIN MACHT SICH IHR WISSEN BEZAHLT

- Wir veröffentlichen Ihre Hausarbeit, Bachelor- und Masterarbeit

- Ihr eigenes eBook und Buch - weltweit in allen wichtigen Shops

- Verdienen Sie an jedem Verkauf

Jetzt bei www.GRIN.com hochladen und kostenlos publizieren